柿原徹也パーソナルBOOK

んで、今日
本だすの♥

徳間書店

西畑
にしはた
NISHIHATA
上総中野
KAZUSANAKANO
総元
FUSAMOTO

TETSUYA KAKIHARA

CONTENTS

本書32〜79ページは「ボイスアニメージュ」2015 SUMMER〜No.35に掲載された連載「んで、今日何すんの？」を加筆・再編集したものです。

Let's enjoy the summer!

んで、今日
夏楽しもう！

WELCOME
TO OUR
BEACH HOUSE

OF WORK IN THE
WORK IN THE A

IN THE AGE OF

Now I remember!

んで、今日
何したか思い出した！

第1回

ISHIKAWA 石川県

LETTER

おすすめの場所……それは!!石川県です。北陸新幹線も開業され、関東からも行きやすくなりました。この機会にぜひ!!柿原さんに石川県にふれてもらいたいです。

(石川県／ひろさん)

マイケル・リン《市民ギャラリー　2004.10.09 -2005.03.21》2004年

フロリアン・クラール
《アリーナのための クランクフェルト・ナンバー 3》2004年

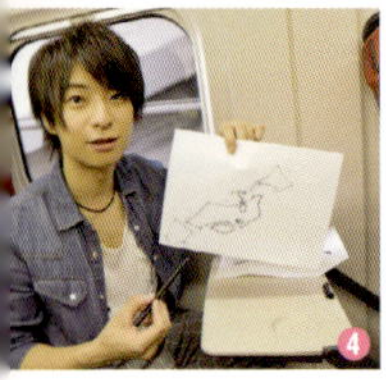

①東京駅にて行き先発表！「マジで？石川!?」②ひろさんからのお便りを読みつつ信じられない表情③ぴかぴかの北陸新幹線に乗って行ってきま〜す！④「石川県ってこの辺？合ってる?」⑤「1本だけいいよね！」と地ビールで乾杯！ かに寿しも食べちゃいます⑥「来たぜ！ 金沢駅!!」のポーズ⑦ランチは金沢カレー。お肉満載です

⑧「鯉がたくさん寄ってきたよ〜！」と笑顔の柿原さん⑨内橋亭ではお抹茶をいただき休憩⑩兼六園を散策。徽軫灯籠と記念写真⑪おやつは今井金箔・広坂店さんで金箔ソフト。いい笑顔ですが歯に金箔ついてますよ！⑫金沢21世紀美術館にも行きました。「僕の声、聞こえる?」⑬仕事終わりの一杯は格別！ 油断しきった柿原さんに明日の行き先が……⑭次は富山へ！

フローリアン・クラール
《アリーナのための クランクフェルト・ナンバー 3》
2004年

石川県にドキドキの初訪問！
都会にはない日本の風情を満喫

──ファン待望の新連載企画がいよいよ始まりました！

柿原　マネージャーからは「とりあえずパジャマだけ持ってきてください」とだけ聞いていて、本当に行き先を知らなかったので目的地の発表前はドキドキでした(笑)。僕の予想では、第1回目なので京都や奈良といった分かりやすい場所か、東京近郊かな〜と思っていたんです。それがまさかの石川県！　今まで行ったことがなかったので、行き先を聞いた時はテンションが上がりました。

──初めて訪れた石川県、ご感想はいかがですか？

柿原　金沢駅に降り立った瞬間からオシャレな空気が漂っているなと。駅の建造物も美しかったですし、陶芸品や美術品はお店のディスプレイを見ているだけでも楽しくて。道ゆく皆さんからも品が感じられました。とってもオシャレなので、恋人と訪れてみてはいかがでしょうか？(笑)

──今回はデートにもピッタリな、兼六園と金沢21世紀美術館に行きました。

柿原　兼六園は日本三名園の一つということで、非常に見応えがありましたし、日本の風情を感じられる場所でした。都会で息をした時とはまったく違う酸素を取り入れられた気がします。深呼吸をいっぱいしましたよ(笑)。金沢21世紀美術館は近未来的な不思議な空間でした。《スイミング・プール》では、光が差し込んで綺麗な写真が撮れたんじゃないかな。美術館って、たくさん並んでいる作品とそれを鑑賞する人も全部含めて「芸術」になる空間だと思うので、そこで写真を撮れたのが楽しかったです。

──旅といえば、ご飯も楽しみの一つですよね。

柿原　金沢カレーを食べるために、何年ぶりかに「並ぶ」という行為をしました(笑)。本当に美味しかったので、並んだ甲斐がありました。並ぶのも観光の醍醐味だなと今回経験して思ったので、この企画で他の場所に行っても並ぶのにチャレンジしていきたいです。

──兼六園を散歩した後、金箔ソフトもいただきました。お味はいかがでしたか？

柿原　高級感がすごかったです！　あんなに大量の金箔は生まれて初めて食べました。金箔自体には味がないはずなのに、なんだか金箔の味を初めて感じられた気がします(笑)。

──残念ながら撮影はしませんでしたが(笑)、ちょっと足をのばして湯涌温泉にも行きました。

柿原　地元の方たちと裸のお付き合いをして、より一層皆さんの地元愛を感じられました。カメラマンさんと男子トークもしましたよ(笑)。そして締めは海鮮料理！　じつは、海鮮は地方に行った時の楽しみとして普段はあえて食べないというマイルールがあるんです。だから、今回の行き先が金沢だと聞いた時から海鮮を楽しみにしていました。

──堪能できてよかったですね。今回の新連載、まずは第1回やってみましたがどうでしたか？

柿原　「ぜひ地元に来てほしい」というお手紙をたくさんいただいたと聞き、とても嬉しかったです。地元に呼んでもらえるってとても光栄なことだなと。だって、本当に好きな人じゃないと紹介したくないじゃないですか(笑)。これからも皆さんのお手紙をお待ちしています。おすすめの観光スポットやお店など、ぜひ情報をたくさんお送りください！

──明日(次回)は富山県に行きます！　富山県にはどんな期待をされていますか？

柿原　行き先を聞くまでは、次は福井か長野かなと予想していたんですけど、また外れてしまいました。富山といえば自然が豊かなイメージですが、何するんでしょうね？　明日にならないと教えてもらえないので(笑)、楽しみです！

レアンドロ・エルリッヒ《スイミング・プール》2004年

第2回

TOYAMA 富山県

LETTER

私の地元、富山県高岡市にある古城公園とそばにあるお店のソフトクリームがおすすめです。大好きな柿原さんに、私の好きで大切なところを知ってほしいです。
(新潟県/Tさん)

合掌造りを訪ねてきました!

❶富山県は五箇山和紙すき体験からスタート！❷飾りの押葉を選んだら、先生にお手本を見せてもらい紙すきにチャレンジ❸偏らないようにとめちゃくちゃ真剣な表情です……❹選んだ押葉をどう配置するか、デザインも凝っていました❺柿原さん特製ハガキ完成！ 上手にできました❻相倉合掌造り集落までレンタカーで移動

❼昼食はまつやさんでざるそば定食をいただきます「旅先で食べるおそばって大好き♪」と柿原さん❽お土産売り場で「ささら」を見つけた柿原さん「これってどうやるの？（笑）」❾Tさんからオススメしてもらった高岡古城公園へ「広くて気持ちいぃ～！」❿彫刻と同じポーズ⓫公園のそばのお店でボリュームたっぷりのソフトクリームも⓬帰りの新幹線もやっぱりビール！⓭富山名物・ます寿しを食べ、旅を締めくくりました☆

富山県で初体験！　和紙すきでハガキ作り

―第2回は富山県にやってきました！　富山県にはどんなイメージがありましたか？

柿原　漠然と「山がたくさんある」という感じ？（笑）　石川県に続いて、富山県も初めて来たのですが、黒部ダムや宇奈月温泉など有名な観光地の名前くらいしか知らなくて。だから今回こうして実際に訪れることができて嬉しいです。とくに感動したのは、五箇山での和紙すき体験！　プロの方に手伝ってもらいつつでしたが、素人の自分でもちゃんとしたハガキを作れたことに感動しました。

―デザインも凝っていましたね。

柿原　うるさくならないように気を遣いつつもシンプル過ぎず、自分のインスピレーションを信じて色合いや配置を考えてデザインしました。我ながらまとまりのある、いいデザインになったなと思います。普段はあまり自分で作ったものに思い入れをもたないほうなのですが、この生まれて初めて作った和紙のハガキは大切にしたいですね。作っている時は誰かにあげようかなって考えていたんですよ。でも、できたてほやほやを受け取ったら、なんだか我が子が誕生したような気持ちになってしまって……我が子はいないのであくまでイメージですけど（笑）。

―その後は、世界遺産に登録されている相倉合掌造り集落にお邪魔しました。

柿原　集落全体がまるで芸術のようでした。世界遺産といっても厳重に守られているというわけではないんですね。訪れる人たちを快く受け入れてくれる雰囲気があって、とても行きやすい場所だなと思いました。こういう古くからの建物が今の時代も守られて、地域に根付いているのを実際に見て、ものを大切にして伝統を守っていく日本人の精神に触れられたような気がします。

―道中のドライブ写真も撮らせていただきました。プライベートでは車でどこか観光や旅行に行ったりされますか？

柿原　仕事の時は自分の車で移動しているので、ちょっと合間に時間があったり早く仕事が終わった時など、そのまま車で山にドライブへ行ったりします。行った先で何をするでもなく、山を見るだけ（笑）。普段行かないところに行くということ自体が好きですし、とてもいい気分転換になるんです。旅行でも名所をたくさん巡ったりはしないタイプです。一つだけ目的地を決めて、それさえできればその旅行は成功ということにします。もちろん、いろいろできたらいいなと思うこともあるんですが、無理に達成しなくてもいいかなと。だって、きっちりスケジュールを立てていてもその通りにいかないことって多々ありますよね。例えば、お酒をたくさん飲んでしまって、次の日、「朝8時から行動」と予定を立てていても絶対に動けなかったり（笑）。

―石川県と富山県への旅は、いろんなところに連れ回してしまいましたがリフレッシュできましたでしょうか？（笑）

柿原　とても楽しかったです！　どこに連れていってもらえるんだろうというワクワク感も大きかったですね。富山ではお手紙をくださった方の地元・高岡市にも行くことができましたし。有名な場所を見に行くことも好きですけど、こういう地元の人しか知らない場所に行くのもいいなって思いました。

―高岡古城公園は広くて素敵な場所でしたよね。

柿原　ご年配の方から子供まで、いろいろな年代の人に大切にされている場所だということが伝わってきました。公園内の動物園は残念ながら定休日だったので入れなかったのですが、それでも1日中遊べるくらいいろいろなものがあるし、緑もいっぱいで癒されるし、身近にこういった場所がある人たちがうらやましいです。

―今後の企画の参考までにお聞きしますが、次回はどこに行ってみたいですか？

柿原　「ここに行きたい！」というのはないです。だって、皆さんからおすすめされた場所に行くほうがワクワクして楽しいから。皆さんのプレゼン次第で編集部のスタッフさんの心が動かされて、行き先が決まるので、ぜひ熱いお手紙を送っていただけたらと思います！

―では、今後も柿原さんには当日まで秘密というスタイルで進めていきます！

柿原　本当に当日までどこへ行くか分からないからな～（笑）。

第3回

WAKAYAMA 和歌山県

LETTER

この企画で柿原さんに和歌山を体験してほしいです。どんな企画でも柿原さんの新連載はファンとして嬉しいものであるので、楽しみに待っています。（和歌山県／Yさん）

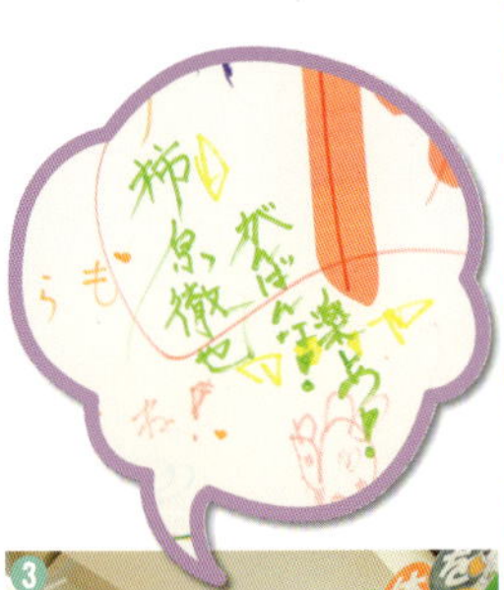

①お寝坊した柿原さんが発車ギリギリに到着したため、車内で行き先を発表。「大阪じゃないの!?」②新大阪から特急に乗り換えて和歌山県へ③ちょうど国体開催中だったため、和歌山駅のメッセージボードに足跡を残していました④和歌山駅からレンタカーで有田にあるみかん農園へ⑤名産地で味わうみかんの味は……「美味しい♥」⑥さらに高速をとばして白良浜へ

⑦ベストタイミングな夕日をバックに浜辺をお散歩。一面オレンジ色です⑧温泉地としても有名な白浜。足湯を味わってきました⑨お土産物屋さんで地ビールを半ダース購入⑩和歌山駅へ戻ってお疲れ様でしたのビール！⑪夕食は地元の海の幸を堪能し、日帰りの可能性が消えたところで次回の行き先発表！⑫シメに和歌山ラーメンもいただきました

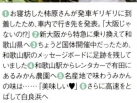

朝から事件発生！
猛反省中のカッキー（笑）

――連載3回目にしてまさかの事件が起きてしまいました……（笑）。

柿原　本当にごめんなさい！　取材当日、待ち合わせ時間を過ぎても柿原は現れず、マネージャーが自宅に迎えに来るまでソファーで寝落ちしていたという……。この取材をとても楽しみにしていたのに、こんなことになってしまって朝はすごく落ち込んでいました。

――無事間に合ってよかったです！

柿原　起きてから4分で家を出てタクシーに飛び乗りました。駅に向かうまでの間、ずっとマネージャーにお説教されていたら、タクシーから降りる時、運転手さんにいい笑顔とサムズアップで「グッドラック！」と見送られました（笑）。

――今回も当日まで行き先は秘密でしたが、どこへ行くと予想していましたか？

柿原　マネージャーがすごく焦っていたので「あ、これは電車の時間が決まっているんだ。きっと関東じゃない」と瞬時に悟りました（笑）。それまではなんとなく、島根県かなって思っていました。神無月（10月）というタイミングで、全国の神様が集うと言われる出雲大社に行ったりするんじゃ……と予想していたんですが、かすりもしませんでした！

――島根県はまたの機会にということで（笑）。今回は編集部に届いた分厚いお手紙＆プレゼン資料に心動かされて、和歌山県にやってきました。

柿原　新幹線の切符が「新大阪」行きだったので、和歌山まで来てちょっとビックリしました（笑）。和歌山に来たのは初めてです！　和歌山というと野球で有名な智弁和歌山高校や、小西克幸さんの出身地というイメージしかなかったです。みかん狩りも……というか果物狩りも初体験でした。僕の妹は昔、みかんを食べ過ぎて具合が悪くなって以来、みかんを食べられなくなってしまったんですが、僕は大好きなので！　季節を先取りして、少し時期尚早な（笑）みかんを食べられて嬉しかったです。

――その後は白良浜までドライブをしました。夕焼けが綺麗でしたね。

柿原　タイミングが素晴らしかったですよね。今日はオレンジ日和だなって改めて思いました。（マネージャーさんに向かって）え？　朝も顔色がオレンジだったって？　よく寝て顔色が良かったみたいです（笑）。

――ドライブ中はカラオケ大会が開催されていましたが（笑）、普段も運転中に音楽をかけたりしますか？

柿原　かけます！　J-POPでも洋楽でも何でも聴きます。最近はライブが近いこともあって、自分の曲を流していますね。一緒に乗っているマネージャーに「もういい」って言われるくらい（笑）、ずっと「orange」を聴いています。

――そして旅といえば、やはり美味しい食事とお酒ですよね♪

柿原　とくに白良浜の地ビールが美味しかったです！　いろいろ種類があって、苦みの強いものを飲ませていただいたんですが、飲みやすかったです。お土産にも買ったので、東京で和歌山を思い出しながら飲みたいと思います。朝は大事件でしたが、無事に和歌山を満喫できてよかったです。楽しかった～！

――ここで明日（次回）の目的地を発表します！

柿原　うわ、怖い……（恐る恐る紙を開いて）奈良県だー!!　さっきたまたま僕が三重県の話をしたら、スタッフさんが微妙な顔して話をそらしたから絶対三重県だと思ってたのに！　松阪牛食べたかった～！（笑）

――またもや予想が外れました。松坂牛もまた今度ですね（笑）。奈良県に行ったことはありますか？

柿原　ないです。奈良のイメージは大仏と「鹿に気をつけろ」かな（笑）。修学旅行の定番で行かれた方も多いですよね。『ときめきメモリアル』の中でも修学旅行の行き先に奈良を選べるんですよ。子供の頃から憧れていた奈良へようやく行ける、これが僕にとって初めての修学旅行になるのかと思うとワクワクしてきました！

――ちなみに帰りはこちらも修学旅行の定番・京都から新幹線に乗る予定です。

柿原　えー!?　大阪から来て、和歌山・奈良・京都と、今回だけでもう4ヵ所も行けちゃうじゃないですか！　連載はまだ3回目なのにペースが早い（笑）。

第4回

NARA 奈良県

キリンレ

キリンレ

❶和歌山県からは電車で奈良県へ。和歌山土産のパンダせんべいをいただきつつ行ってきます！❷奈良駅に到着！ せんとくんと記念写真❸動物がちょっぴり苦手な柿原さん。ドキドキしつつも鹿に接近❹お昼は名物の茶がゆをいただきました❺桶にぎっしり入ったおかずも美味しかったです♪

❻ランチのあとは東大寺へ。南大門に圧倒されます❼大仏様に参拝。何をお願いしているのでしょうか？❽奈良県の伝統工芸・奈良筆作りに挑戦！❾先生に「筋が良い」とほめられる柿原さん。こちらは穂首を整えているところ❿新年1号目なので好きな言葉を筆でしたためてもらったところ「地ビール」の文字が⓫旅のシメに念願の地ビールで乾杯！……と思ったら、選んだのはお隣の三重県のお酒でした（笑）

いつも車移動なので電車の旅は新鮮でした！

――２０１６年１発目の「んで、今日何すんの？」、今回は奈良県にやって来ました！　和歌山県から電車を乗り継いで移動しましたが、普段は車移動が多いですか？

柿原　ほとんど車ですね。だから電車移動が新鮮で楽しかったです！　車内にいた高校球児にジーっと見られたんですが、ニコッて笑いかけたら笑い返してくれて(笑)。奈良県の子はいい子だな～と思いました！

――奈良県と言えば修学旅行の定番ですね。

柿原　この歳になってようやく行くことができて嬉しかったです。遅れて経験した修学旅行でした！　とくに東大寺の大仏殿はみんながこぞって行くだけの迫力と神秘性に満ちた場所でした。日本の古きよき歴史に触れられてよかったです。

――お参りもしましたけれど、どんなことをお願いしていたのか教えていただけますか？

柿原　初めましてだったので挨拶をかねて自己紹介をさせてもらいつつ、「32年間見守ってくれていてありがとう」とお祈りしてきました。神様や仏様は会ったことがなくても、この国に生まれた時から、この土地に生きている人間たちを見守ってくれているものだと思うんです。だから、これまで見守ってくれていたお礼と、これからも自分の周りにいる人たち全員を見守っていただけたらなと。お願いばっかりじゃなくて、僕もあなたのことを大切にしますという気持ちもお伝えしてきました。

――普段から初詣やお参りなどは行きますか？

柿原　昔、住んでいたことがある高円寺にはお寺がいっぱいあるので、子供の頃はよく行っていました。中でも妙法寺というところでは３の日にお祭があったので遊びに行っていました。最近は行かないです……人混みがあまり好きではないので(笑)。

――奈良公園では鹿と写真を撮りましたがいかがでしたか？

柿原　鹿せんべいを持っている人になつくんだ、鹿も現金なヤツだなと思いました(笑)。持っている人と持っていない人の違いが分かるみたいで、持っている人に対しては頭を下げたりして営業しているんですよ！　道路交通法よりも、鹿のほうが優先されているのもビックリしました。堂々と赤信号を渡っていましたからね(笑)。

――お昼ごはんに食べた茶がゆのお味はどうでしたか？

柿原　とても美味しかったですし、意外とボリュームがあってお腹いっぱいになりました。おかゆのほかにもいろいろなおかずがあってそれも美味しかったです。奈良漬との味のバランスも最高でした！　奈良漬は大好きなので、お酒のおつまみにいいだろうなと思って自分用にお土産を買っちゃいました。それに地ビールも苦みがあって美味しかった！　まさかの三重県産でしたけれど(笑)。ここにきて三重県がくるとは思ってもいませんでした(笑)。

――前回、次の目的地が三重県だと予想していましたが外れてしまいましたもんね(笑)。そして、奈良筆作りも体験しました。先生に何度も「上手にできている」とほめられていましたね！

柿原　あれは相当センスが必要な作業ですよ。麻糸を引く工程では「２回でできるのはプロだ」とも言われたので、もう僕はプロってことですね！(笑)

――これまで習字をしたことはありますか？

柿原　ラジオの企画で書いたことはありますけど、学校で習ったことはないです。やってみたら意外に楽しかったし、皆さんにも「センスがある」とほめられたのでやってみようかな？(笑)

――マイ筆も作りましたし、これからは筆でサインを書いてもいいかもしれないですね(笑)。

柿原　サイン書く度にマネージャーに硯と墨を用意してもらってね(笑)。墨をするところから始めるからすごい時間かかるな～(笑)。

――最後に旅を振り返って感想をお願いします！

柿原　修学旅行定番の地に訪れることができましたし、一気にいろいろなことを経験できた気がしています。これからもいろいろなことをしたいなと思う旅でした。唯一の心残りは、せんとくんの彼女候補・蓮花ちゃんに会えなかったこと。蓮花ちゃんは僕の友人がデザインしたんですよ！　二人が手をつないでいる姿を見たかったな～！

第5回

TOTTORI

鳥取県

LETTER

鳥取県の見どころはなんといってもまんがを推しているところです。最近では鳥取県の宝である水木しげる先生の訃報という悲しいニュースもありましたが、水木先生の残した作品たちをぜひとも見に来ていただきたいです。

（鳥取県／Oさん）

❶アイマスクをつけて連れてこられた柿原さん。振り返って鬼太郎を見つけ「鳥取!?」❷米子鬼太郎空港には『ゲゲゲの鬼太郎』のキャラクターがたくさん！ さっそくぬりかべになっていただきました❸蟹取県とも言われている鳥取に来たからには……❹お昼は蟹丸ごと丼！

❺午後からは水木しげるロードを散策❻水木しげる記念館では展示物を興味深く見学していました❼だまし絵で記念写真も♪❽妖菓目玉おやじをパクリ❾帰り際に鬼太郎と写真も撮れました！❿せっかく鳥取県に来たので、足をのばして鳥取砂丘へ⓫休憩中のラクダと特別に写真を撮らせていただきました⓬帰りは鳥取砂丘コナン空港から帰京。本物には乗れませんでしたが、ラクダに乗りました！

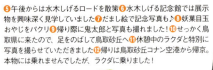

鳥取砂丘を登った先に広がる雄大な景色を独り占め♪

―第5回目は鳥取県です。まずは米子鬼太郎空港に、アイマスクをした目隠し状態でやって来ました！

柿原　到着するまでは距離的にも山口県あたりかと思っていたんですが、目を開けたら水木しげるさんの作品がドンッとあって。鬼太郎を発見して「鳥取!?」と思わず叫んじゃいました(笑)。ひと目見て鳥取県に来たんだと分かりましたよ。オブジェもたくさんあって、空港から既にテンションが上がっていました。

―その後、地元の食堂で昼食でした。蟹丼のお味はいかがでしたか？

柿原　蟹取県と謳っているだけあって、これでもかというくらい丼ぶりの上に蟹・蟹・蟹！　とてもボリューミーで、なんて贅沢なんだろうと思いました。昼から大満足しちゃいました♪

―鳥取県はズワイガニの水揚げ高が全国一なんですよね。蟹はお好きですか？

柿原　好きです！　身を取り出すのは苦手ですけど、お昼に食べた蟹丼は甲羅が乗っかっていて、それをパカッとあけたらほぐした身がご飯の上にあったので最高でしたね。食べやすかった～(笑)。時間の関係であまりゆっくり味わえなかったのが少しもったいなかったです。

―その後、水木しげるロードを散策しました。ここには妖怪たちのブロンズ像が153体（2016年1月現在）もあるそうです。

柿原　キャラクターたちがいっぱい居ましたね！　着ぐるみも登場しましたし、写真もたくさん撮れて楽しかったです。もっとこぢんまりしているのかと思っていたら、意外と道が長くて驚きました。目玉おやじのまんじゅうは糖分が半端なかった！(笑)　僕には甘すぎたけど、きっと子供は大好きな味でしょうね。

―水木しげる記念館にも訪れた際は、展示パネルを熱心にご覧になられていましたね。

柿原　水木さんの波乱万丈な人生が描かれていて、とても興味深かったです。激動の日本の時代を生きた方なんだな、すごい方だったんだなと改めて感じました。

―最後は定番中の定番、鳥取砂丘にやって来ました。こちらも行き先は告げずに車で移動しましたが、どこへ行くと予想していましたか？

柿原　「鳥取県に来ているのに、砂丘に行かないのかな？」と思っていたら、砂丘に到着していました(笑)。鳥取県と聞いて一番に思い浮かぶのはやっぱり砂丘ですし、せっかく鳥取県に来たからには見てみたいなと。「砂丘を見にいこうぜ！」と鳥取県へやって来る方も多いと思うんですよ。それなのに砂丘を見ないで帰るのは残念だなと思っていたから来ることができて嬉しかったです。

―移動中は雨が降っていましたが、砂丘に到着したら雨が止んだのでタイミング的にもバッチリでした！

柿原　いい写真が撮れたんじゃないかと思います。丘の上にまで登ると、砂浜が一面に広がっていて、「これが登ったヤツにしか見ることのできない景色か……」と思いながら堪能しました。そういう景色も、普段だったら写真で見られればいいやって思うタイプなんですけど(笑)、せっかく来たので頑張って登ってみました。ただ、ひたすら寒かった！　極寒だった！(笑)

―残念ながら天候や時間の関係でラクダには乗ることができませんでしたが、写真は一緒に撮れましたね。

柿原　ラクダをあんなに近くで見られる機会は普段ないので、貴重な体験だったと思います。すごい迫力でした！

―マネージャーさんから、アラブの石油王っぽい柿原さんを見たいというリクエストがありまして(笑)。

柿原　いやいやいや、乗らないからね!?　でも、石油は欲しいな(笑)。それにしても、ラクダの値段っていくらくらいなんでしょうね？　馬主ならぬラクダ主になるとしたら、どれくらいの金額が必要になるのかな……。なるつもりは全く無いですけど、気になります(笑)。

―地元の方との触れ合いもありつつ、鳥取県を満喫できた旅になったのではないでしょうか？

柿原　いろんな方にお世話になりました。次もどこへ行くのか楽しみです。これからも素敵な場所を紹介してくださる方や、地元を盛り上げたいと考えている方からのお手紙をお待ちしております！

第6回
SHIMANE
島根県

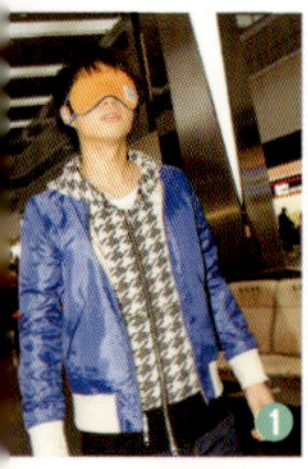

1

3

5

4

2

❶アイマスクをしてタクシーに乗せられ、着いたところは羽田空港！❷飛行機で出雲縁結び空港に到着。しまねっこと2ショット❸島根ワイナリーで昼食をいただきます❹ワインで乾杯～！❺島根和牛のバーベキューを堪能しました❻出雲大社に到着！日本屈指のパワースポットということで厳かな雰囲気です❼自腹でお賽銭を投げてお参り❽おみくじも引きました❾じっくり読んでいた柿原さん。読み終わるとそっと棚に結んでいました

6

7

9

8

13

10

❿いずもまがたまの里伝承館さんで勾玉作りも。最初はキョトンとした表情でしたが……⓫職人さんにマンツーマンで丁寧に教えてもらい……⓬すっかり熱中して勾玉を磨き上げていく柿原さん⓭つるつるに仕上げて完成！ きれいな「緑」色です⓮夜は宍道湖七珍、鯉をいただきました！

11

12

14

有名な出雲大社を初参拝！お財布の小銭が空っぽに!?

——連載3回目でも話題に出た島根県についにやってきました！

柿原　いつか島根県が来るだろうと予想してはいましたが、まさか神無月じゃないタイミングで来るとは思っていませんでした（笑）。でも、有名な出雲大社くらいしか知らないので、いざ島根県と発表されてもあまりピンと来ませんでした。美味しいものがあるかな〜ってくらいで。

——まずはその美味しいものをいただこうということで、ワイナリーに向かいました。

柿原　何となくですけど、日本酒かなと思っていたので予想が外れました。ワインが好きなので、逆に嬉しい裏切りでしたね。今回はバーベキューでお肉を食べたので赤ワインを飲みましたけど、本当は全種類を飲みたかったくらいです！

——その後はかの有名な出雲大社へ。初めて訪れてみたご感想は？

柿原　雰囲気のある建物で、広かったです。天気が変わりやすい場所らしく、晴れていたと思ったら雲が出てきて、雨も一瞬でしたが降って、1日でいろいろな顔の出雲大社が見られて不思議な気持ちになりました。なかなかこういう機会じゃないと行けないので、よかったです。今年初めてのお参りだったので、今回が初詣でした！　お参りするところがいくつかあったので、その度に小銭を投げ入れ、最終的に財布に入っていた小銭を全部使いました（笑）。

——何をお願いしましたか？

柿原　え〜、それは言っちゃうと叶わなくなるって言うじゃない？（笑）普通に「見守っていてね、頼みますよ」とお願いしてきました。あとは、せっかく行ったので開運のお守りを買ってみました。おみくじも引きましたね。出雲大社のおみくじって「大吉」や「凶」といった吉凶は書いてなくて、僕のには「健康に気をつけろ」といった忠告などが書かれていたので、とりあえず結んできました。

——そしていずもまがたまの里 伝承館さんでは、勾玉作りに挑戦しました。

柿原　まさかあんな固い四角い石から、ツヤツヤの勾玉が作れるとは思っていなかったので面白かったです。僕らが「師匠」とお呼びしていたスタッフさんが職人気質の素敵な方で、丁寧に教えてくださるし、僕の仕事の話にも興味を持ってくださって、ついつい生い立ちまで語ってしまいました（笑）。最後に握手したら手が大きくて握力も強くて、職人の手だなと感じました。

——じつは連載が始まってから、お土産として毎回ご当地キャラグッズを自腹で買い集めていらっしゃるんですよね。

柿原　今回は大吉のおみくじを持ったデザインのにしました。出雲大社のおみくじには大吉がなかったので、これだけでも大吉気分を味わおうかなと（笑）。毎回集めているんですが、じつは富山県では買い損ねちゃいまして……。合掌造りのデザインを見つけたんですが、飛騨（岐阜県）のご当地グッズだったんです（笑）。

——これまでのグッズたちはご自宅で飾られているのですか？

柿原　引っ越す前はキーホルダースタンドにかけていたんですが、今は開けていない段ボールのどこかに入っています（笑）。そのうち発掘します！

——この連載も6回目になりました。何か編集部へのリクエストはありますか？

柿原　朝が早いかな〜（笑）。でも、どこに行くにしても集合時間は同じ時間にしないと、行き先が何となく予想がついちゃいますもんね。遅い時間に集合だと、「今日は都内かな」と分かっちゃう（笑）。

——それだとドッキリ感がないですよね。今回いつもよりは少しだけ集合時間が早かったですが、行き先は予想できましたか？

柿原　行き先は分かりませんでしたけど、きっと乗り物の時間の関係で早めたんだろうと思ったので、遠いところなのかなと予想はしていました。でも、もしかしたら和歌山（※連載3回目・和歌山県に向かう際のお寝坊事件のこと）の戒めかなとも思いました（笑）。遅刻しても大丈夫なように、ちょっと早めに伝えられたのかなと。日中の撮影じゃなくて、日が落ちてからどこかに行くというのもいいですよね。夕方集合の真夜中解散とか楽しそう！　とはいえ、これからも頑張って早起きしますので、よろしくお願いします（笑）。

第7回

SAITAMA

埼玉県

LETTER

この企画でぜひ埼玉県にも来てほしいです。どんな企画であったとしても柿原さんの新連載は嬉しい限りですので、お越しを楽しみにお待ちしております。
(埼玉県／Sさん)

❶

❷

❸

❹

❶アイマスク（二代目）を着けていただき、今回も行き先は秘密のまま車に乗せられた柿原さん❷秩父路への玄関口でもある道の駅にて行き先発表！ 奥秩父へ向かいます❸大血川渓流観光釣場へ到着！ さっそく昼食にバーベキューをいただきます❹川で地ビールを冷やして❺「うまい！」の表情❻バーベキューの締めには焼きそばも❼熊防止の鉄線が。それだけ大自然に近い場所なんですね

❼

❻

❺

❿

❽

❾

⓫

⓮

❽係りの方にえさの付け方を教わって❾渓流釣りにチャレンジ❿1匹目は意外にもすぐゲット！⓫釣れたイワナは塩焼きにしていただきました⓬思い出を訪ねて旧柿原家の「秩父ふるさと館」へ⓭柿原少年は昔、大きな家でかくれんぼをして遊んだとか⓮番場通りも散策。安田屋さんでメンチカツを買い食い⓯和同開珎も撫でて金運アップ間違いなし！

⓯

⓬

⓭

渓流釣り&バーベキューで夏レジャーを満喫♪

——今回は日帰りということで、どんな行程を予想していましたか?

柿原　関東近辺で2県くらい回るのかと思っていたら、まさか埼玉県だけで丸1日ガッツリ使うとは思いませんでした。いつものようにアイマスクをしてタクシー（※実際はレンタカー）に乗ったんですが、タクシーにしてはずいぶん長い距離を走っていましたし、高速に乗ったりもしていたので、途中からタクシーじゃないっぽいから結構遠くに連れて行かれるのかもと想像していました。

——最初は奥秩父まで向かい、渓流釣りをしました。

柿原　渓流釣りは初めてでした! 初体験を、地元・秩父でできたので、じいちゃんも喜んでるんじゃないかな。イワナも身がしっかりとしていて美味しかった! 自分で釣った魚を食べることなんて、なかなかないですからね。1匹目はサクッと簡単に釣れちゃったので、僕に食べられる運命で釣られてくれたのかなと思います(笑)。

——バーベキューもしましたね。

柿原　楽しかった~。バーベキューは今年初どころか、数年ぶりですよ。週末はイベントなども多いし、周りも忙しくてなかなかスケジュールが合わないからできなくて。でも今回、素敵な場所を見つけましたからね! ここ、本当はみんなにも秘密にしたいくらい(笑)。

——また、現在は国の登録有形文化財として登録されている、元柿原家の本家「秩父ふるさと館」にも訪れました。

柿原　いかんせん30年近く前のことなのでちょっとあやふやなんですが……子供の頃に秩父に来て、ああいう家でかくれんぼをして遊んだ記憶があります。実際にあの家だったのか、他の家だったのかはちょっと定かでないのですが、壁とか絶対見たことあるんだよな~。大人になってまた来るとは思っていなかったし、それが国のものになっていたのは不思議な感覚です。

——ほかに秩父での思い出の場所などはありますか?

柿原　SLには乗った記憶があります。「これが秩父鉄道だよ」とじいちゃんに教えてもらったのを覚えています。

——秩父鉄道の創始者・柿原万蔵さんがご先祖なんですよね。

柿原　秩父の人たちが「万蔵さん、万蔵さん」と言っていて、なんだか面白かったです。地元に親しまれている存在なんだなって感じました。もしこれを読んで秩父を訪れる読者の方がいらしたら、ぜひ節度とマナーを守って楽しんできてくださいね!

子供の頃の夏休みの思い出と「キラフェス2016」の思い出

——今回のテーマは「夏休み」でしたが、柿原さんの夏休みの思い出といえば?

柿原　僕にとって、夏休みといえば日本に帰ってくること。飛行機で成田空港について、モワッとした湿気の多い空気に触れた瞬間に「夏休みが始まったな」って思う。それでその足で高円寺の商店街で子供ながらに買い物をするのが一番の楽しみでした(笑)。あまりレジャーを楽しむ家庭じゃなかったんですよ。でも、親父はレジャーが好きで、学校の先生をしていたから生徒たちと林間学校なんかで山に行ってカブトムシを採ってきたりしてました。当時は僕もカブトムシに憧れがあったので、それを見て喜んでいましたけれど、今考えるとあんなにたくさんのカブトムシを捕まえてきた親父って、どうなんだろ……(笑)。

——なかなか珍しいと思います(笑)。もし、今夏休みをもらえるとしたら何をしたいですか?

柿原　1ヵ月くらいあったら語学留学したいな。今は日本にいて日本語ばかり使っているから、語学をもう一度勉強し直したい! 1ヵ月海外で暮らして英語ペラペラになってきて帰ってきます。でも、1年でまたすぐ忘れそう(笑)。

——先日開催された「キラフェス2016」の思い出もお聞かせください!

柿原　僕の出番の1曲目が「咲いちゃいな」で、その後「レッスンAtoB」に続いたのですが、2015年のソロライブツアーでやらせていただいたものをもう一度再現しました。そこから「僕さ」「オレンジ」「Call My Name」というみんなから愛されている楽曲、さらに「monogram」「進ませろ!」というかっこいいパートもあって、いろいろなジャンルが目白押しという感じでした。

——「レッスンAtoB」の映像はパワーアップしていましたね。

柿原　会場もレベルアップしたので、コスプレするキャラクターも増やしたんですけどAB型の人を探すのが大変でした。女装は前回のナースに勝てるとしたらセーラー服だろうって(笑)。そしたら、セーラー服着て機関銃を持っているあの女優さんがAB型だったので採用となりました。

——「進ませろ!」ではセクシーなポーズに黄色い歓声が上がりました。

柿原　あれは出そうと思って出したわけじゃなくて、まあせっかく体も鍛えたし、気持ちが向いたら出したらいいかくらいに考えてたんですよ。でも、実際に始まったら出したくなっちゃって(笑)。あの時はイヤモニの音が聞こえなくなるくらい、みんなの声がすごかったです。「進ませろ!」に関しては、どうやったら際立たせることができるかという挑戦でもありました。今までになかったものを皆さんに見せることができて、また一つ前に進んだ気がしています。アンコールの大トリで「飛行機雲」をみんなで歌って、一体になって締めくくれたのもよかったな。あれを歌うと、なんだか全部上手くいった感じになるんです。本当にいい曲に巡り会えたなって改めて思います。

第8回

IWATE 岩手県

LETTER

私が紹介するのは、私の田舎である岩手県です。盛岡にある「東家」というそば屋さんに行って、ぜひ徹也さんにわんこそばを体験していただきたいです。

（神奈川県／楓さん）

❶東京駅にて恒例の行き先発表！❷今回は連載初の東北地方、岩手県へ行ってきます！❸盛岡駅に到着。盛岡山車と記念撮影❹酒造「あさ開」さんにて酒造見学❺工場見学は初めてという柿原さん。ワクワクの表情です❻貴重な木の樽に感動！❼見学の後は、試飲コーナーへ❽3種類のお酒を飲ませていただきました。「どれも美味しい！」❾自家製のビールもうまい！❿お土産物にも興味津々の柿原さん。自腹で地酒をお買い上げ

⓫お手紙をいただいた「そば処東家」さんへ⓬着々と並べられる薬味を緊張の面持ちで見守る柿原さん⓭まずは1杯目。いざ！⓮45杯を平らげ、余裕のウィンク⓯もくもくと食べ続けた柿原さんでしたが、88杯目でついにギブアップ。見事な食べっぷりにスタッフも拍手！

挑戦状(!?)を受けて わんこそばに初挑戦！

――2016年、最後の訪問は岩手県盛岡市にやって来ました！ 新幹線で盛岡駅に下り立ちまして、まずは酒造見学へ。じっくりご覧になっていましたね。

柿原 今まで工場見学や社会科見学に行ったことがなかったので、こういう体験は初めてでした。場所も酒造ですし、大人の社会科見学みたいで面白かったです。盛岡のお酒が有名なのは知っていましたけど、酒造をあんなにじっくりと見学させてもらえるとは思っていなくて。町をあげて盛岡のお酒を推していることが伝わってきました！

――お店では試飲して、お土産も買われていましたね。

柿原 大吟醸や原酒、火を1回も通していない生酒などいろいろありました。僕はその中でも度数の一番高いキリッとしている日本酒を。寝酒にもいいなと思って……いや、寝酒にするにはもったいないくらい美味しいんですよ。飽きずにずっと飲み続けられそうでした。やっぱり違いますね～。

――繊細な味わいなんですね。違いの分かる男ですね(笑)。

柿原 本当にここでしか味わえないんだろうなと思いました。盛岡ってやっぱり東京よりも寒いじゃないですか。この気候が日本酒造りに合うのかもしれないし、その場で飲むと空気が違うんですよね。その地に合った水で作られているものだから美味しいのかな……僕、お酒のことになると饒舌になりますね(笑)。

――ちなみに、岩手県はホップの生産量が日本一だそうです。自家製ビールのお味はいかがでしたか？

柿原 美味しかったです！ まるで水のように後味も苦くないので、ビールを飲めない方でも飲めると思いますし、本当に美味しい水で造られているんだと思いました。なんだか酵母が生きている感じがする。普通のビールってもっとお腹にガツンと来るんですけど、盛岡のビールはサラッと流れていくんですよ。あー、もう1回飲みたくなってきたな！

――その後はわんこそばに初チャレンジしました。男性の平均が50～60杯で、今回お手紙をくださった方は85杯も食べられたそうです。柿原さんは88杯でした！

柿原 その前にお酒も飲んだし、新幹線でお弁当も食べちゃっていましたし、割とお腹がいっぱいの状態での挑戦だったので、いけても30～40杯くらいだと思っていたんです。でも、意外といけましたね。末広がりの88杯！ ただ、もう本当に恐かったです(笑)。

――食べる前に、緊張するとおっしゃっていましたね。

柿原 一人だけなのにいろいろなものをズラーっとセッティングされるし、「さあ準備はようござんすか」という空気で、大食い番組でも始まるのかという雰囲気だったので……。ルールも知らない僕は何をどうすればいいのか分からないし、食に対して緊張感が生まれたのは初めてでドキドキでした。

――少し早めの年越しそばという意味もあって今回チャレンジしていただきました。ちなみにドイツの年越しはどんな様子なのですか？

柿原 日本の年越しは厳かに行われますけど、ドイツはもう「パーティ！」という感じ。年が明けた瞬間に窓中の窓から打ち上げ花火が上がります。年越しそばみたいに、年越しのタイミングで食べるものはとくに決まっていないかな。お酒を飲んで騒いでいるイメージが強いです。日本での新年の挨拶は「あけましておめでとう」ですが、ドイツでは「メリークリスマス＆ハッピーニューイヤー」もしくは「メリークリスマス、そして素敵な年への良い滑り込みを」って言うんですよ。そこも違いの一つですね。

――2016年最後の号になります。ラストに、2016年を振り返ってのご感想や2017年の抱負を教えてください！

柿原 2016年は若い年代がメインの中で一緒にお芝居をさせていただく現場が非常に多くて、素敵な後輩たちとたくさん出会えました。マジな話、後輩たちからいろいろ勉強させてもらったし、後輩たちとめちゃくちゃ飲みに行った1年でした。「2017年はこうしたい！」という抱負よりも、いろいろな意味で充実した1年だったので、2017年はどんなものが待ち受けているんだろうという期待のほうが大きいですね。そんな感じで、2017年もよろしくお願いします！ あけおめ！

第9回
AKITA
秋田県
なまはげ変

つを脱いで
お入りください
ease take off shoes

なまはげ

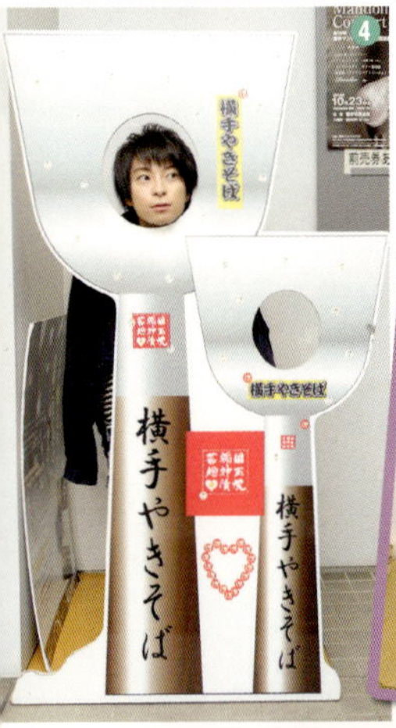

①前回の岩手県よりレンタカーで秋田県へ！②さっそく名物のきりたんぽ鍋をいただきます♪③翌日は朝から横手市にあるかまくら館にてかまくら体験④顔ハメ看板で記念撮影も

⑤男鹿半島のなまはげ館で、展示物を見学する柿原さん⑥地域によって異なるというなまはげの顔に興味津々です⑦お隣の男鹿真山伝承館にてなまはげ習俗学習講座も受講。なまはげの登場に笑顔の柿原さん⑧大晦日に行われる行事を体験⑨主人となまはげのやりとりを興味深げに聞いています⑩入道崎ではうに丼を堪能⑪なまはげ像と記念写真を撮って、旅を締めくくりました

マイナス10度の世界に降参!? 雪国の文化と伝統に触れた1日

――秋田県は今回の取材で初訪問だそうですね。

柿原　秋田県というと、秋田美人、あきたこまち、きりたんぽ、あとはやっぱりなまはげのイメージが強いです。最初にかまくら館に行ったんですが、名前を聞いた時はあのかまくらをイメージできなかったんですよね。どうしても神奈川県の鎌倉が出てきてしまって。「秋田県で鎌倉ってどういうことだ?」と思いながら館内に入って、「あ、このかまくらね!」となりました(笑)。

――かまくらは初体験でしたか?

柿原　ドイツも雪は降りますが、作ったことはないです。子供の頃は憧れていましたね。でも、実際のかまくらはとにかく寒かったです……。極寒の上に、かまくらの中は土足厳禁なので靴下で上がるという……本当に恐ろしい‼　雪国の人はこうして強く育つのかなと思いました(笑)。マイナス10度の世界では俺は生きられないな、やっぱり夏が好きだな、早く夏が来ないかなと、ある意味夏が恋しくなりました(笑)。あと、一人でかまくらは寂し過ぎる!　みんなで入るならいいかもしれませんね。

――なまはげ館では、なまはげに変身していただきました。

柿原　まずは映像でなまはげのしきたりなどを学び、赤面と青面があるということで赤面を選ばせていただきました。出刃包丁を持っているイメージでしたけど、赤面は持っていないんですよね。お面の色によって持つものが違うというルールも初めて知りました。

――お面、重そうでしたね。

柿原　重かったです。映像の中でお面を手で持っている人たちが多かったのは重かったからなんだと、体験してみて初めて分かりました。僕もずっと顎で支えていました。

――展示されているお面も見ましたが、それぞれ顔が違って興味深かったですね。

柿原　地域によって違うそうです。各々が歴史を築きあげているんですね。「これがなまはげなの!?」という、見たこともないようなお面もあったりして面白かったですね。秋田県出身じゃないのになまはげに詳しい声優……なまはげ声優になれた気がしています(笑)。

――なまはげ講座も受講しました。貴重な体験でしたよね。

柿原　解説を聞いたりするのかと思いきや、臨場感あふれる超リアルなお芝居ですごかったです!　本当にその瞬間だけ大晦日になったような錯覚に陥りました。皆さんのお芝居が達者で、役者としても勉強になりましたね。この世のものではない、でも人の形をしている、その狭間の生き物というか偶像というか。そうしたなまはげの動きがリアルに表現されていて、本当にすごいなと思いました。ずっと方言で演じられてらっしゃったんですけど、意外と意味は分かるんですよ。言葉が分からなくても、動きや表情で何を伝えようとしているのか、まるで染み込むように入ってきました。

――その後、日本海の荒波を体感すべく、足を伸ばして入道崎まで行きました。

柿原　「すべて白状してしまいなよ」と言いたくなるような、サスペンス劇場さながらの崖と海と空でした(笑)。今回は天気にも恵まれて綺麗な写真も撮れましたね。風が強くて少し髪が乱れていますけれど、それも臨場感ということで(笑)。お昼にいただいたうに丼も非常に美味しかったです。蓋を開けた瞬間に磯の香りがして、それだけで新鮮さが分かるくらい!　今まで食べたうに丼の中で一番甘かったな～。

――今回の秋田県で連載は9回目となりまして、スタートから1年半が経ちました!

柿原　全国の5分の1くらい行ったことになるのかな?　でも、まだまだ行きたいところがいっぱいです!　読者の方からのお手紙でのプレゼンで、いろんなところに行きたいです。鳥取県の時みたいに、プロのアテンドの方がいてくださっても面白いですよね。そういえば、今回の秋田県と前回の岩手県で行った先で、僕のことを知ってくださっている人たちに偶然お会いすることができたんです。その地方の美味しいものや楽しいことを体験させていただいた上に、そういった出会いもあるなんて、こんなに嬉しいことはないと感じた旅でした!

第10回

KANAGAWA
神奈川県

LETTER

柿原さんには、ぜひ鎌倉（神奈川県）に来ていただきたいです。由比ガ浜はオススメの穴場スポットです!! 海でリフレッシュしてください！
（神奈川県／でこさん）

食べきれるかな？

❶レンタカーで南西へ。パーキングエリアで行き先発表。今回は鎌倉ぶらり旅です！❷朝ごはん代わりに、中華まんをもぐもぐ❸オススメされた由比ガ浜をお散歩してきました❹鎌倉で有名なカレー屋さんでランチ。牛タンカレーは大ボリューム！

＼つめた〜い！／

❺銭洗弁財天にて初詣も❻手水舎の水の冷たさにびっくり❼お願いごとは今回も内緒です❽線香とろうそくを奉納❾自分のお財布から3万出し、ざるに入れてお札をじゃぶじゃぶ❿リフレッシュの旅ということで、古民家で陶芸体験も⓫初挑戦ということで、先生の説明を真剣に聞く柿原さん⓬自分で探してきた葉を置いて白化粧を丁寧に塗ります⓭目印としてサインを入れるのですが、悩んだ末に表に柿のマークを⓮「できた！」と笑顔の柿原さん。焼き上がるのが楽しみですね！

海辺に神社、陶芸チャレンジ 近場でまったり癒しのコース♪

――今回は「由比ガ浜で癒されてください」というお手紙をいただきました。海辺は少し寒かったですね。

柿原　この大寒波の中、まさかの海辺ロケでした。でも、日差しがあったから、思っていたより寒くなかったです(笑)。

――鎌倉には以前来たことがあるとか。昼食は偶然にもその時と同じ系列のお店だったそうですね。

柿原　20代前半くらいかな。車を買ったばかりの頃に、遠出をしたくてふらっとドライブに来たことがあります。鎌倉でご飯食べるなら……と調べたら、今日行ったカレー屋さんが出てきて。あのお店、すごく有名らしいです。当時もめっちゃ並びましたもん。久しぶりに食べましたが、以前食べた時よりも今日のほうが美味しく感じました！

――銭洗弁財天（宇賀福神社）にも行きました。境内の湧水でお金を洗うと増えて戻ってくると伝えられていますが、実際に体験した感想は？

柿原　いい経験になりました！　初めて自分のお札を濡らしましたよ。ポケットにお札を入れたままにして洗濯機で回した以外、お札を濡らしたことなんてないですもん(笑)。普通、子供たちも「お金は濡らしちゃいけない」って教育されて育つものだと思うから、なんだか初めての感覚でした。それと、線香でお札を乾かしちゃダメですよ！　乾かしている方がいて「こうやるものよ」と教えられたけど、やっちゃダメって注意書きで大きく書いてあったんです(笑)。間違いに気づけてよかったです。

――観光地なのでもっと外国の方が多いのかと思いましたけど、意外と日本人ばかりでしたね。

柿原　日本人はお金が好きだということですね。デートで来ている人たちもいて、余計なお世話ですが「デートで来る場所じゃなくない？」と思ったりして(笑)。

――土と向き合う陶芸も「癒し」になるのでは……ということで、陶芸にもチャレンジしていただきました。

柿原　この連載で、いろいろなもの作りに初チャレンジしてきましたが、陶芸も今回が初めて。僕としては、なかなか自分から「やるぞ！」と思うものではないので楽しかったです。どうやって皿が出来上がるのかとか、陶芸にもいろいろな種類があることも分かりました。

――柿原さんは電動ろくろが向いているんじゃないかと言われていました。連載で焼物の町にも行くかもしれませんし、その時にまた挑戦してみましょう！

柿原　確かに！　ただ、電動は汚れるので「絶対に汚れてもいい服を着てきてください」と言われました(笑)。やるなら作業用のつなぎを用意してもらわなきゃだな～。

――ちなみに何を乗せるイメージでお皿を作りましたか？

柿原　何かを入れるために作ったんじゃないんですよ。例えば、車って「こんなかっこいい車を作りたい」と考えて作られるのではなく、雪が積もる道にはそれに合わせた車を作る……というように、「道が車を作る」という考え方があるんです。それと同じで、出来上がったお皿を見て、何に使うか決めればいいかなと。

――出来上がりが楽しみですね。こだわった部分はありますか？

柿原　表に自分のマーク（柿）を描きました！　普通は裏に名前を入れるらしいんですけど(笑)。柿だと一発で分かるでしょ？　でも、下手するとミカンに見えちゃうかも……。

――大丈夫です、ちゃんと柿に見えました！　この連載が掲載される頃は、ライブツアーの真っ最中です。ツアータイトル「DRUNKER」にはどんな意味を込めたのでしょうか？

柿原　酔う、酔っ払いという意味だけど、単純に「アルコールで」というだけでなく、音楽なしでは生きていけない「ミュージックドランカー」とか、「ライブドランカー」「ステージドランカー」「スポットライトドランカー」でも、何でもいい。最後の最後まで、同じ空間、同じ時間、上半期はずっと一緒に酔いしれることができるようなツアーにしたいと思ってつけました。ツアーを通して酔っぱらうような感じ。5月の幕張メッセはステージもより大きくなるので、スペシャルなことを企んでいます。ぜひ気持ちよく酔っぱらってください！

第11回

SHIGA 滋賀県

LETTER

おすすめの場所は滋賀県です。日本一の琵琶湖やお城もあり、歴史的にも意外と活躍しています。あまり知られていない県ですが、良いところがたくさんあるのでぜひ遊びに来てください！（滋賀県／なつさん）

いただきます！

①新幹線のホームにて、恒例の行き先発表。今回は滋賀に行きます！②彦根城の城下町・夢京橋キャッスルロードをぶらりお散歩③お料理を待っている間、カメラマンのカメラに興味津々の様子④ランチは近江牛のすき焼きに舌鼓

⑤おなかいっぱいになったところで、彦根城へ⑥天守を目指して急勾配の石段を登っていきます⑦せっかくなので内部も見学⑧狭い階段を慎重に進みます⑨上りきったところでは琵琶湖が一望できました⑩マネージャーさんにお金を借りてご当地グッズを購入⑪運よくひこにゃんにも会えました！⑫琵琶湖の湖畔にも立ち寄りました。すごい荒波に「海みたい！」と柿原さん

完成しました♪

前回の陶芸体験で作ったお皿が焼き上がってきました！　味わい深い色合いに、柿のマークがポイントです

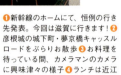

アットホームでかわいい!?
歴史ある彦根城の天守

――まずは、前回の鎌倉で作ったお皿が出来上がってきました!

柿原　傑作が出来上がりました。素人の自分でも意外にちゃんとしたものができるんだなと思いました。焼いたのは僕じゃないんですけど(笑)。焼いてくださった方の真心がこもっているので大切に使います。鍵とか小物入れにしようかな。僕が死んだ時には棺桶に一緒に入れてもらいたいほどです。

――(笑)。今回は滋賀県にやってきました。お仕事では以前にも来たことがあるそうですね。

柿原　米原駅で下りて関ヶ原に行って、浪川(大輔)さんと甲冑を着ました。いや～、懐かしいですね。戻って来たなという感じがしました!

――まずは、ライブツアー真っ最中の柿原さんに良質なたんぱく質を摂っていただこうと、近江牛を食べにいきました。

柿原　ありがとうございます!(笑)日本を代表するブランド牛肉ですし、滋賀県に来たら「絶対に近江牛を食べておいたほうがいい!」と皆さんにもオススメしたいくらい、美味しゅうございましたよ。柔らかくて脂もしっかり乗っているんですけど、まったく胃に負担がない。上品な肉の脂はもたれないんだと分かりましたし、お腹いっぱいになりました!

――そしてこの連載では初となるお城・彦根城にも行きました!

柿原　そっか、お城は初めてか! 想像よりも小ぶりなお城だったので、重々しくもなくかわいらしいお城でした。お城って仰々しくて、どっしり構えていて圧倒されるイメージがあったんです。でも、今回のお城は馴染みやすいというか、アットホームな感じがしました。お城にアットホームって変ですけど(笑)。

――これまで天守の中を上ったことはありますか?

柿原　子供の頃に名古屋城に行ったことがあるくらいかな。大人になってからはこういう機会を作っていただかないと、なかなか行かないですし。関ヶ原に行った時は二階建ての手作りっぽい城のような建物には行きました(笑)。現存する天守の中に入ったのは今回が初めてです。

――柿原さんは高いところは平気なタイプですか?

柿原　落ちなければ平気。高さよりも彦根城は階段が急だったから、上から人が落ちてこないか、そっちのほうが怖かったです。当時の人たちはどうやって上っていたんでしょうね? それと、お手洗い問題はどうしていたんだろうかと気になりました。立てこもってる時とか。昔のフランスみたいに、もう窓から「えい!」って感じなんですかね。

――確かに気になります(笑)。また、彦根城では彦根市のキャラクター・ひこにゃんにも会えました。

柿原　ひこにゃんの登場は衝撃でした。大人気のアイドルぶりでした。2ショットは撮れませんでしたが(笑)。やっぱり国宝級のキャラクターは強いですね!

――最後は琵琶湖にも行きました。すごい迫力でしたね!

柿原　あれはもう海ですよ。すごい荒波でしたもん! 砂浜もあるし、海風っぽい風も吹いているし、サーフボードも落ちていたし(笑)。多分昔の人の中には、湖じゃなくて海だと勘違いしていた人もいたんじゃないかな。日本が誇る「最大の湖」と呼ばれるだけあって、さすがのスケールでした。

――今回は船に乗りませんでしたが、船旅には興味ありますか?

柿原　豪華客船で行く旅だったらぜひ乗りたいです!(笑) なんだかんだでもうこの連載も、もう11回目ですよね。どこに行ったか、そろそろちゃんと整理しないと! 地味に毎回買って帰っているご当地グッズを見返せば分かるんですけど(笑)。

――第2回の富山県だけ、買えずに持ってないんですよね。

柿原　そうなんです。なので、今回のものを合わせて10個のグッズが柿原家のどこかにあります(笑)。毎回増えているんですけど、それだけ思い出も増えていくということ。皆さんがいろいろとお手紙で案を出してくださってくれるので、どこに行くのかいつも楽しみにしているんです。あ、今回のロケ中にカップルに声をかけられまして。応援してくださっているということで、どうもありがとうございました。幸せになれよ! と、この場を借りて言わせていただきます(笑)。

第12回
CHIBA
千葉県

の小江戸

❶

❷

❸

❶今回は、千葉県にて昔ながらの風景が残るいすみ鉄道沿線の旅です❷都内ではめっきり見かけなくなった公衆電話を懐かしむ柿原さん❸終点の上総中野駅から大多喜駅へ出発！❹座席にゆったり腰掛けご満悦

❹

❼

❻

❺国の登録有形文化財・豊乃鶴酒造さんへ❻銘酒「大多喜城」の醸造元ということで試飲も❼大吟醸をお土産にゲット！❽江戸時代後期の町家・渡辺家住宅も見学❾嘉永2年に建築されたという国指定重要文化財をものめずらしげに見ています❿夕飯には名物のハマグリをいただきます⓫「うまい！」と柿原さん。旅の最後を笑顔で締めくくりました！

❺

⓫

❿

❾

❽

子供のようにワクワクした自然の中を走る鉄道の旅♪

——まずは千葉繋がりで、5月21日に幕張で行われたライブツアーファイナルを終えてのお気持ちをお聞かせください。

柿原　まさか自分一人であの大きなステージに2日間も立つことになるとは、それこそ17年前に日本に来た頃からすると考えられないことでした。音楽を始めた7年前でも想像できなかったところに立って、不思議な感覚に陥りましたね。幕張は他のイベントや「キラフェス」で立たせていただいたことはあって、その時と同様に「大きいな」という感覚は変わらずにあったんですけど、今回自分のバンドメンバー、ダンサーと一緒に立ったら自分の中で感覚が変わった気がして。「遠い、広い」じゃなくて、「こんなにたくさんの人たちが来てくれている」「こんなにたくさんいるのに近い」という気持ちになったんです。より全体のことをしっかりと把握できるようになったのかな。ステージに一緒に立っているみんなとも一体なっていると感じられたライブでした！

——千葉県はライブなどでも来られる場所ですが、九十九里に行かれたことはありますか？

柿原　ありますよ。車を買った時にドライブがてら九十九里のほうに行ったのを覚えています。バイクを買った時にも行きましたね。そう考えると、自分の足で初めて行った海が九十九里なのかも。

——最初はいすみ鉄道に乗りました。鉄道の旅はいかがでしたか？

柿原　この場を借りて言わせていただきますが別に電車が嫌いなわけじゃないんです！　満員電車が嫌なんです!!　人混みが嫌なの!!（笑）

——その点、いすみ鉄道はゆったりとした雰囲気で素敵でしたね（笑）。

柿原　食堂車もついていて、乗った瞬間にワクワクしました。「この線路はどこまで続くんだろう？」と、大人なのに子供のような気持ちになりましたね。男の子が鉄道に乗るとテンションが上がる気持ちが分かりましたし、カメラを構えている鉄道ファンの方たちの熱さも伝わって来て。改めて電車の魅力を感じる旅になりました。

——房総の小江戸と呼ばれる大多喜では酒造を訪れました。

柿原　大吟醸の特別純米が最高でした。すっきりした辛口と、若干甘味のある辛口の2種類があって、僕はすっきりの辛口が気に入ったのでお土産に買って帰りました。意外と関東近郊からの観光客が多かったですね。

——名物のハマグリのお味はいかがでしたか？

柿原　美味しかったです！　じつは、海鮮だけをテーマにしたご飯屋さんってあまり行ったことがなくて。海鮮ってどれくらい注文したらお腹いっぱいになるのか分からないんですよ。お店によってネタの量が全然違うから予測しづらい！　ハマグリも1人前って書いてあったけど、6個もあってすごいボリュームだったし。でも、注文時にはそんなこと分からないから、ご飯ものもあったほうがいいよねと天丼、カレー、親子丼と頼んでいったら食べ過ぎてしまって（笑）。最後は「このアジのフライ、2皿も頼んだの誰!?」と押し付け合いをしてしまいました（笑）。

——以前、九十九里に行かれた時、ハマグリは食べなかったんですか？

柿原　食べなかったんですよ。20代前半くらいだったので、ハマグリとか海鮮の魅力がまだ分からなくて。最近になってその魅力にようやく気づけました。千葉県をなめてましたね！

INTERVIEW

僕の素直な気持ちが そのままタイトルになったんです

全国津々浦々の読者の皆さんからいただいたお手紙を元に、西へ東へ旅した柿原さん。「ボイスアニメージュ 2015 SUMMER」からスタートした連載全12回を振り返っていただきました！

行き先は秘密のミッション
ネタバレ攻防戦も白熱!?

——「んで、今日何すんの?」の全12回をまとめた1冊がついに発売されました！ 改めてこの連載を振り返っていきたいのですが、そもそもこのタイトルはどうやって生まれたのでしょうか?

柿原 読者の皆さんからお手紙をいただいて日本のどこかに柿原が行くという企画で、行く段取りはすべて秘密なんですよね。毎回同じ場所に集合して、そこから目隠しをされて連れて行かれる。目的地に着いて、目隠しを取って、「んで、今日何すんの?」という僕の素直な気持ち、モノローグがそのままタイトルになったんです。

——もう慣れたと思いますが、目隠しでの移動は不安ではありませんでしたか?

柿原 最初はやっぱりドキドキしましたよ。でも、僕よりもスタッフの皆さんのほうがドキドキしてたんじゃないかな。僕に秘密裏に動いているわけだから、行き先もやることもバレないようにしなきゃいけないし。

——確かに我々もかなりドキドキしていました(笑)。

柿原 微妙なネタバレは結構ありましたよね? 土曜日出発なのに「日曜日は〜」と言っていて、「あ、今回は泊まりなんだ」と察することもあった(笑)。あとはうっかり口を滑らせるのを誘おうと、僕が鎌をかけたりもしました。

——微妙なネタバレや鎌かけで、目的地を当てたことはありましたか?

柿原 的中したことはないんですよ。じつはポロリの中にフェイクポロリもあって！ 2週間前くらいから嘘の情報を匂わせてくるんです。連載始まってから2年の間で、スタッフさんのフェイクポロリの技術が確実に上達していましたね(笑)。

連載を通して体験した
「初めて」がいっぱい!

——記念すべき第1回は石川県、第2回は富山県に行きました。

柿原 1回目はとにかく何が起こるか分からなかったから、常にドキドキワクワクハラハラしてましたね。美術館に行って、温泉に入って、金箔ソフトクリームを食べて。夕食の時に翌日は富山県に行くと発表されたので、2回目の撮影は気持ちが楽でした。石川県には行ったことがあったけど、富山県は初めてでしたね。紙すき体験で作った和紙のハガキは読者プレゼントにする予定だったんですけど、僕の初めてをあげたくなくなっちゃって(笑)。そのままいただいて帰って、今も家で保存してます。

——2回目にして、集め始めたご当地ストラップを見つけられない事件がありましたね。

柿原 そうそう！ 合掌造りのストラップを見つけたんだけど、富山県じゃなくて岐阜県のもので。富山県のストラップは買い逃しましたが、その後も集めていますよ。

——第3回の和歌山県は、いろいろなところでも語り継がれている伝説回でもあります(笑)。

柿原 寝坊して大遅刻しました！ 本当にすみません!! でも、お酒が抜けていないわりにいい笑顔の写真でしょ?(笑) この日は朝から晩まで酔っていました。遅刻したことで一瞬酔いは覚めたんですけど、スタッフさんが飲んでいいよと言ってくれたから新幹線でビールを飲んで(笑)。白良浜でも地ビールを飲んで、夕食でももちろん飲んで……の1日でした。

——夕食は柿原さんがチョイスしてくださったお店に行きました。

柿原 お魚メインの和食で、めちゃくちゃ美味しかった！ その後に食べた和歌山ラーメンも美味しかったな。あと、国体開催に合わせて駅前に応援メッセージのパネルがあったので、僕も書かせていただきました。そして和歌山県といったらやっぱりみかん！ みかん狩りは初体験でした。食べるのは好きだけど、こういう体験ものは進んでやらないタイプなんです。「この企画がなかったら経験してなかったこと」は他にもいっぱいありますね。

——翌日の奈良県でチャレンジした筆作りも初体験でした。

柿原 そもそも奈良県が筆の産地だと知らなかったので、それもこの連載がなければ知らないままだったと思います。作った筆で書いた「地ビール」の書き初めは、部屋の一番いいところに飾っていました(笑)。

——その後、筆は使っていますか?

柿原 使う機会がないんですよね。でも、作ったことに意味がある……はず!!(笑) 茶がゆも初めて食べましたけど、「これを食べ続けたら痩せるんだろうな〜」と感じました(笑)。あとはお土産に大好きな奈良漬を買いましたね。

——第5回の鳥取県は県庁の職員さんがアテンドしてくださいました。

柿原 やっぱり水木しげるロードが印象に残っています。ちょうどこの取材日に、東京で水木しげるさんのお別れ会が開催されていたんです。なんだか縁を感じてしまいました。日本のアニメーションを牽引してきた方でもあるから、業界に居る身としてもなんだか感慨深い旅になりました。

——第6回は出雲大社のある島根県へ向かいました。

柿原 出雲大社で清らかな心になった後、まがたまの里 伝承館で勾玉を作りました。気に入ったので、プライベートでもしばらくつけていましたよ。じつは勾玉作りを教えてくださった先生がアニメファンだったという裏話もありました。それとワイナリーにも行きましたね！ 島根県がワイン押しだったのを初めて知りました。

国宝や自然に触れた旅も♪
陶芸は完成品が到着!

——折り返しとなる第7回の埼玉県は、柿原さんのルーツを探る旅となりました。釣り姿が様になっていましたが、普段からされるんですか?

柿原 一切しない！ アウトドア派っぽく見られるんですけど、まったくそんなことありません。誘われたら行きますけど、自分からはやらないです。そもそも虫が苦手なので(笑)。でも、やってみて釣りにハマる人の気持ちは分かりましたね。僕のご先祖様も、

きっとこういうところで遊んだんだろうなとも思いましたし。実際、釣り道具などを貸し出してくれたおじさんたちも、「あの柿原の家の子か!」と柿原家を知っていたんですよ。みんなで記念写真も撮りました。

——続く第8回と第9回は北へ足を伸ばしました。

柿原　岩手県ではわんこそばにチャレンジしたんですが、その前に新幹線でお弁当を食べちゃっていたんですよ。その状態で88杯だったので、食べてなかったらもっといけたはず! 写真の積み上げられたお椀を見ると、自分でもよく食べたなと思います。

——一言もしゃべらずに黙々と食べていましたよね(笑)。

柿原　真剣だったから!　アイコンタクトで全部会話していました(笑)。あとはやっぱり岩手県といったら日本酒。地ビールも美味しかった〜。秋田県ではかまくら館で秋田県の冬を体感しました。秋田県に来たからには経験したいなと思ってかまくらに入りましたけど、マイナス10度ですっっっごい寒かった!

——第10回は神奈川県へ。銭洗弁財天で洗ったお札はどうされました?

柿原　あの時、1万円札を3枚洗ったんです。1枚は(入江)玲於奈にあげたというか、「洗ってきたから財布に入れておけ」と渡しました。何かあった時に使ってもいいけど、これを使わなくてもいい役者になれって。良い話でしょ?(笑)　もう1枚はまた別の役者に渡して、残りの1枚は自分で持っています。(と言いながら財布を確認)あれ!?　どれか分からない!

……多分あると思います(笑)。

——陶芸では柿のマークを描いた器を作りましたね。

柿原　完成品いただきました!　やすりと一緒に届いたんですけど、あのやすりって何に使うんですか?　あ、底を削って調整するのか!　何に使うのか分からなくて、とりあえずやすりの上に乗せて飾ってあります(笑)。

——第11回は滋賀県で彦根城に行きました。

柿原　彦根城の天守が国宝に指定されているんですけど、意外とこぢんまりしていて驚きました。その後、気になって調べたんですが、国宝に認定されるにはすごく厳しい条件をクリアしないといけないんですよ。その条件をクリアしたということは、あんな小さいのにものすごい歴史が詰まっているというわけで、そう思うとなんだか感慨深かったです。

——そして最終回は(第12回)千葉県で電車の旅を満喫しました。

柿原　この電車の駅がレトロで小さくてとてもかわいらしくて!　自然もまだまだ残っているし、東京からすぐの千葉県にこんな「故郷に帰ってきた雰囲気」を味わえる場所があるんだと感動しました。東京付近に住んでいて心が疲れている人は千葉県に行くべき!(笑)

旅をして体験をして自分の殻を破ろう!

——「素の柿原さん」を誌面でお届けしたいというテーマがあった連載企画ですが、撮影中に思わず素になった瞬間などはありましたか?

柿原　基本的に素でしたよ。すっごく楽しかったし!　そもそも仕事じゃなく、休みだと思って撮影に臨んでいました(笑)。

——では、一番過酷だった撮影は?

柿原　鳥取県と島根県は冬場でとくに寒くて過酷だったかもしれないです。鳥取砂丘は雨も降って本当に寒くて。でも、今思うとあれは水木しげるさんの涙だったのかなって思います。

——いい感じにまとめていただきました(笑)。ちなみに旅行やお出かけの際に必ず持っていくものはなにかありますか?

柿原　とくにないですね。意外に普段の旅行だと荷物多いんですよ。自分の荷物だけじゃなくて、これがあったら便利だろうなというものを仲間の分も持っていくタイプ。アイマスクとか入浴剤とか。でも、この企画では移動の乗り物の都合などもあったので、できる限り荷物を減らす方向で頑張っていました。荷物といえば、遅刻した和歌山県と奈良県の回が印象に残っています。「3分で家から出てきてください」と言われたので、とにかく前日仕事に行った鞄のままで飛び出して。収録が終わっている分厚い台本は入れっぱなしだし、着替えは忘れるしで大変でした(笑)。奈良県の写真で持っている鞄はマイ鞄ですよ!

——本のタイトル「んで、今日本だすの♥」はどんな経緯でつけられたのですか?

柿原　連載の略称が「んで今日」で、響きがとても好きだったのでこれは使いたかったんです。他には、玲於奈と(西山)宏太朗との撮影で「LOVE」の文字と一緒に撮った写真がすごく素敵だったので、「with LOVE」という案もありました。LOVE要素は「んで、今日も愛してる」と、直筆メッセージを書きましたので巻末まで油断せずに読んでほしいです。

——全12回旅した中でとくにオススメの場所を教えてください。

柿原　埼玉県の秩父にはぜひ行っていただきたいですね。あと、岩手県でわんこそばを体験してほしい!　88杯がどれくらいすごいことなのか、ぜひ身をもって味わってください。その際は新幹線でお弁当食べて、お腹いっぱいの状態でチャレンジしてくださいね(笑)。

——最後に読者の皆さんへメッセージをお願いします!

柿原　この連載を通して思ったのは「こんなプランは自分じゃ絶対に考えられない」ということ。皆さんからのお手紙があってこそですが、全12回、毎回違ったものを探して旅の面白さを見つけ出せたのはとてもいい経験になりました。僕一人では絶対できないことだし、それをするくらいだったら家に居ます(笑)。僕みたいな大人になりたくなければ、自分の殻を破るためにもいろいろなところに足を伸ばし、いろいろなものを体験していただければと思います!

Let's talk a lot!

んで、今日
まだまだ話そう！

柿原徹也×入江玲於奈×西山宏太朗

バーベキュー座談会

柿原さんと心から信頼している後輩、入江玲於奈さんと西山宏太朗さん。
青空の下でバーベキューを楽しんだ3人は、仕事を忘れて素顔を見せてくれました。
思い出などを語っていただいたインタビューでは、それぞれの強い絆を感じます。

あちっ!

うまいな!

いくぞ〜!

連絡先を交換した翌日のメールが始まり

——柿原さんのリクエストで、スペシャルゲストとして入江さんと西山さんにお越しいただきました！

西山　呼んでいただきありがとうございます！

入江　バーベキューもフリスビーも楽しかったですね。撮影なのに、いつもどおりの僕らでした。

柿原　でも、普段の俺たちをそのまま見せるのは恥ずかしくもあったね。

——まずは柿原さんとお二人の出会いを教えてください。

西山　僕は初めて収録現場に行った時です。その作品の主役が徹也さんで、僕は命を奪われる役だったのですが、思ったようにできなくて居残り収録になって。そしたら徹也さんが次の現場に行く前に僕の肩をバッと掴んで、「お前死ぬんだぞ。死ぬってどういう意味か分かる？」と言ってくださったんです。初めて会ったばっかりの新人に思いっきり魂をぶつけてくださって感激しました。

柿原　その時のことは覚えてますよ。当時は同じ事務所だったのもあるし、僕自身も居残りしたことあるから気持ちが分かりましたし。

入江　僕は宏太朗と一緒にやらせていただいている番組に、徹也さんがゲストでいらっしゃった時が初めましてでした。その後の飲み会で連絡先を教えてもらったんですが、徹也さんに「連絡してこないヤツは連絡先消しちゃうからね」と言われたんです。それで次の日に「今日飲みにいきませんか」とメールしたら、ちょうど宏太朗もメールをしていたらしくて。今思うと、徹也さんが言った連絡がこない期間ってもっと長期的な話だったと思うんですけど、僕らからしたら3日くらいの気持ちだったんですよ（笑）。

西山「3日連絡しなかったら消されちゃう！」って慌ててね（笑）。

柿原（笑）。だって整理しないとアドレスがあふれちゃうからさー。1年ごとに断捨離しているんです。そんな中でこの二人はちゃんと連絡をくれたんですよ。

入江　プライベートで飲みに行った先輩は徹也さんが初めてでしたね。

西山　僕もそうです。

柿原　人間の巡り合わせってタイミングだと思うんですよ。「消すからね」と言ったのも一つの賭けだし、それでこの二人が連絡をしてくれて僕はラッキーだった。当然だけど連絡をするのには勇気が必要で、それに僕が何を返せるかと考えたら、「あの時に連絡してよかった」と5年後、10年後、20年後に思ってもらえるように、まずは1回目の飲み会をすることかなと思ったんです。

入江　それからもう6年ですよ。

西山　その飲み会、今でも覚えていますもんね。

入江　どこに誰が座っていたかも覚えてる！

柿原　そこまで覚えてねー！（笑）

素もプライベートも変わらない柿原さん

——柿原さんの好きなところを教えてください。

柿原　ばんばん言ってね！（笑）

入江　いや〜、全部言っていたら日が暮れちゃうので（笑）。一つ挙げるとしたら、ちゃんと言葉にするところが好き。いいと思ったら「いいな」と言ってくれるし、ダメだと思ったら「ダメだぞ」と言ってくれる。今までちゃんと言葉に出している人だから、徹也さんの言葉は全面的に信用できるんです。

西山　僕は仲間を大切にする気持ちがすごく好きです。どの飲み会に行ってもみんなに同じくらいのテンションでお話ししているし、ライブでもバンドメンバーやダンサー、スタッフの人たちと本当の家族のようになって一つのものを作り上げられていて。みんな、徹也さんのことが好きになっちゃうんですよね。

入江　そういった家族とか仲間っぽい雰囲気が苦手な人も、徹也さんと一緒にいると関係なくなっちゃう。

柿原　巻き込み型なんです。楽しいことをするなら、みんなと一緒がいいですからね。

——普段の柿原さんはどんな雰囲気ですか？

入江　このままですよ。この前、宏太朗と一緒に徹也さんの幕張メッセのライブに行ったんですけど、ステージ上でしゃべっている徹也さんを見ていても、お酒飲んでる時と本当に変わらないなと思いました（笑）。

西山　強いて言うなら、プライベートだとさらに面白い！

柿原　お仕事は制約があって言えないこといっぱいあるからな〜（笑）。

——制約がない場ではどんな話をしていますか？

入江　いつも架空の話をしてます。

柿原　ぶっ飛んでるヤツらだと思われるからやめろよー！（笑）

西山　文字に起こすと絶対ヤバいです（笑）。

柿原　勝手に世界観を作って適当に話しているだけなんですが、みんな発想力と想像力の塊なんですよ。玲於奈が言ったことに対して宏太朗が2倍3倍で返して、どんどん話が膨れ上がって「結局これ何の話？」となる。でも、超真面目な話もします。

入江　さっきまで「俺の親父、地底でガソリン飲んでるんだ」という話をしていたと思ったら、急に芝居の真面目な話をしたりしますよね。

西山　初めて一緒に飲む人はその落差にびっくりすると思います（笑）。

——ちなみに、柿原さんは酔うとどうなるんですか？

西山　あまり変わらないかな？　でも、甘えてくる時はありますよね。

入江　何を言ってるか分からないときもある（笑）。雰囲気も声のトーンも変わらないから、酔っているように見えないんですけど。

柿原　ごめんごめん（笑）。でも、そういう時もみんな優しくて「さっきも言ったよ！」とか言わないでくれるから、気づかないんだよね。

入江　とりあえず「あ〜、深いっすね〜」と流してるので（笑）。

西山　それよく聞くやつー！

入江　しかも、ひと山越えて朝の6時くらいになると「昼まで飲もう！」と言い出しますし。「嫌です、帰ります」ってなる（笑）。

——柿原さんは引き止めちゃうタイプなんですか？

柿原　俺にはこんなにいい仲間がいてくれるんだと思うと、寂しくなるっていうか。人間っていいな、人間に生まれてきてよかったな……となって、できるだけ長い時間みんなと一緒に居たくなっちゃう。シェアハウスとかしたいくらいだもん。

入江　徹也さんがマンション一棟買って、声優版ときわ荘みたいなのやりましょうよ。

西山　それいいですね！

——では、柿原さんに「ここだけは直してほしい」ことはありますか？

西山　徹也さんが驚くほどの量の服を僕たちにくれるんですよ。スーツケース5個分くらいあって、それを玲於奈と僕で奪い合ったりするんですけれど、たまに……衿元が分からないような服があって……（笑）。

柿原（爆笑）。

入江　そうそう、着方が分からないんですよ！

西山　そういった謎な服をくれるのは止めてもらいたいなと（笑）。

入江　靴もくれるんですけど、僕のほうが徹也さんより足のサイズ大きいのに履ける靴とか、むしろ僕でも大きい靴があるんですよ。何でそんなの持ってるんですか？

柿原　それはいい質問です。僕ね、靴は大きいサイズだったら何でもいいの。基本が車移動だからあまり歩かないし、「このサイズありますか？」と店員さんに聞いたらサイズが無くても「じゃあいいです」と言えないタイプなんだよね。

西山　だから服も訳分からないものがあるんですね（笑）。

柿原　そうなの！　だから店員さんは俺に薦めないでほしい！

入江　そういえば、この前も変なサングラスしてた！（笑）

柿原　あれもレジに並んでたのを、店員さんに「これ新作のサングラスです」と薦められて買ったやつ。それを掛けてウキウキで番組の収録に行ったら、マネージャーから出会い頭に「ふざけてないで！」と言われました（笑）。そんなこんなで、着こなしに困った服とかも結構二人に押しつけてますね。

恒例の年越し旅行でサプライズ失敗!?

――皆さんで旅行に行かれたことはありますか？

入江　3年連続くらいで年越し旅行をしています。一番覚えているのはどこだろう？

柿原　新潟じゃない？　玲於奈が来られなかったやつ。

入江　そうそう、31日の夜に生放送があって僕だけ行けない時があったんです。でも、深夜バスならギリギリ行けたので、ドッキリで行こうと思って。

西山　僕とだけ連絡取って、完全なサプライズだったんですけど……。

入江　朝5時半にホテルについて、仲間たち一人ずつに消臭剤を吹きかけて起こしていったんですよ。でも、徹也さんは消臭剤吹きかけても効果ないし、浴衣を脱がしても全然起きない。徹也さんを一番驚かせたかったのに、だんだんこっちも冷めてきちゃって（笑）。ようやく起きたと思ったら寝ぼけた顔で「何で居るんだ～？　風呂入ってくるわ～」と行っちゃったんです。

柿原　まだお酒が残ってたんですよ（笑）。でも、風呂行く前に抱き締めてから行きましたよ！　ちゃんとびっくりしたし、嬉しかったよ！

――3人で遊ぶなら次はどこへ行きたいですか？

柿原　今日の撮影が楽しかったから、もう1回バーベキューやりたいですね。でも、この二人が一緒だったらどこへ行っても面白いからどこでもいいかな。二人はどこ行きたい？

入江　シンガポール！　ハワイ！

西山　ギリシャやドイツに行ってみたいです。

柿原　お前らぶっ飛ぶな～!?　まずは近場にしようよ！

入江　せっかくパスポート作ったから税関通りたいんですよ～。

柿原　もう分かったよ！　俺と税関通ろう！（笑）

生誕祭は1年で一番柿原さんとしゃべらない日

――お二人は柿原さんの生誕祭実行委員を毎年務められていますが、きっかけは何だったんですか？

入江　出会った年に、いつも誕生日パーティーをやっていたけど今年はやらないと聞いて、「俺らがやります」と言い出したのが始まりです。

西山　ドキドキしながら始めたよね。年を重ねるごとに受付が上手くなってきています（笑）。

入江　もう6年ですもんね。……俺ら、6年間クリスマスイブ一緒に過ごしているのか（笑）。受付をしているので、ある意味僕らは1年で一番徹也さんと話さない日かも。

西山　でも、いろいろな人が徹也さんに会いにいらっしゃるのを見ているだけで楽しいですね。

柿原　受付ってはしゃげないしちょっと損な役回りだと思うんだけど、それを自らやってくれているので本当にありがたいですね。信頼している二人だから、僕も思い切って楽しむことができます。

――誕生日プレゼントはどんなものを贈られるのですか？

西山　毎年僕らにしかあげられないものを贈りたいというのがテーマで、最初はプレートを贈りました。

入江　二人の宣材写真が入っていて、裏にはメッセージを書いて。手作りケーキも作ったこともありました。

柿原　3人の似顔絵もくれたよね。

西山　そうそう、お店に写真を持って行って描いてもらったんです。徹也さんの年齢を伝える時、間違えないようにわざわざネットで確認して「32歳です」とお伝えしたんですけれど、誕生日を迎えたら33歳になるわけで……（笑）。

柿原　33歳になったのに「32歳おめでとう」と書いてあってツッコんだね（笑）。でも、今も寝室に飾ってます。プレートはリビングにある！

いりえ れおな

12月18日生まれ。アトミックモンキー所属。主な出演作は『刀剣乱舞-花丸-』（前田藤四郎）、『白猫プロジェクト』（ヨシオ・ガーデンリーヴス）、『プリンスPia♥キャロット』（立花心路）ほか。

にしやま こうたろう

10月11日生まれ。81プロデュース所属。主な出演作は、『美男高校地球防衛部LOVE！LOVE！LOVE！』（鬼怒川熱史）、『学園ベビーシッターズ』（鹿島竜一）、ゲーム『あんさんぶるスターズ！』（深海奏汰）ほか。

改めて感謝の想いを伝えたい！ 手紙に綴られた6年間の絆

―じつは、サプライズとして「普段はなかなか言えないけど柿原さんへ伝えたいこと」というテーマでお手紙を書いていただきました。

柿原　えっ、そうなの!?

入江　こんなに文字書いたの、数年ぶりです（笑）。撮影中もこのサプライズのこと考えて、じつはずっと緊張してたんですよ。

西山　ドキドキしますよね。読むとき後ろで音楽流してほしい（笑）。

入江　じゃあ僕から。「今回はおふざけなしで、いつも言えないことを手紙として書いてきました。僕はデビューして数ヵ月で徹也さんに出会いました。まだ右も左も分からず、ヨチヨチ歩きもできない僕に、立ち方、歩き方、そしてかっこいい歩き方まで教えてくれました。（中略）そんな中で僕はふらふらと自分を甘やかし、サボっていた時期がありました。徹也さんの優しさに甘えてだらけていました。でも、徹也さんは僕を見捨てることはなく、何度も何度も僕を叱ってくれました。今でも足りないことが山のようにあります。ただ、徹也さんのおかげで僕は変わることができました。今はわずかな違いでも、もっともっと変わります。ちんたらしている阿呆な後輩ですみません。でも、そんな阿呆を愛してくれて嬉しいです。これからもどうか一緒に居てください。お酒の飲み過ぎには気をつけましょう。長くなりましたが、愛しています！」

西山　では僕も。「自慢の先輩・徹也さんへ。唐突ですが、徹也さんの好きなところ、たくさんあります。話が面白いところ、自分に厳しくストイックなところ、『愛している』と口に出してくれるところ。挙げだしたらきりがありません。（中略）初めてお会いしてから2年ほど経ってもいい報告ができず、正直腐りかけていた時がありました。そんな僕に徹也さんは涙を流しながら「宏太朗、このままだったらお前終わるぞ」と厳しいことをおっしゃってくださいましたね。あの日、徹也さんにこんな顔をさせてしまってはいけない、だから絶対に結果を出すと決意しました。その後、初めて30分アニメのメインキャラクターに決まった時、誰よりも喜んでくれた電話でのお声、忘れません。徹也さんが僕を守ってくださったように、僕も徹也さんを守ります。まだまだ未熟者ですが、出会ったあの頃よりできることは増えていると思います。これからも末長くよろしくお願いいたします」

―最後に、柿原さんの今のお気持ちをお聞かせください。

柿原　一生残る宝物ですね。手紙という形で用意してくれたのも嬉しいですし、何よりもそれを自分の声で伝えてくれたのが2倍に嬉しい。素でこういうストレートな気持ちを読めるところが二人のいいところだと思います。声優のしゃべりが染みついた形で読むこともなく、言葉として想いをきちんと伝えてくれる部分は、いい意味で6年前から二人が変わってないところ。ま、こんなこと書かなくても全部分かってますから！　二人の気持ちは普段から伝わっているし、何の疑いもないので。でも、こういう機会に形にして敢えて伝えようとする勇気を持ってくれて本当にありがとう!!

教えて！ 柿原さんへ 50の質問

「ボイスアニメージュ」のTwitterにて募集した、柿原さんへの質問の中から50個を厳選！　あなたの質問があるかも!?

01 徹也さんの好きな**おにぎりの具**を教えてください！

梅干し。

02 明日世界が終わるなら最後に何を食べたいですか!?

その日の朝に考える！

03 行ってみて人生観が変わったと思う場所はありますか？

日本だなあ。まさしく日本。

04 **一番好きなお酒**は何ですか？

お酒に関しては、本当に僕、節操無しだと思います（笑）。みんな好き。ただ日本酒はもう大丈夫……かな（笑）。日本酒はこの企画でも買ったのがあるし。最近のお気に入りは、ウイスキーです。

05 一人でお酒を飲む時、どんなことを考えていることが多いですか？

楽しいこと（笑）。

06 休日や仕事の入ってない時間などはどのようにお過ごしですか？

習いごと。ジムとか、ボイトレだったり、習いごとを諸々やっているので、予定を入れちゃいますね。

07 今急に3日間、連休をもらったら何をしますか？

これも、習いごとの予定を入れると思います。

08 **女子の服装で、どんな感じが好きですか？**

布が少なければ少ないだけ……（笑）。

09 もし生まれ変わったとしたら何になりたいですか？　もう一度声優をしたいと思いますか？　その理由も一緒に聞きたいです！

男！　次は声優以外に。今、声優という一番楽しい人生を送っているので、もう1回はいいかな。

10 **未だになじめない日本の習慣（文化）**はありますか？

本音を言わないこと。

11 **車内でよく聴く音楽**はありますか？

これからMr.Childrenをよく聴こうと思ってます（笑）。

12 女性の髪型はロング派ですか？　それともショート派ですか？

ショート。

13 ドライブに行くとしたらどこに行きますか？

秘密。

14 最近一番感動したことは何ですか？

ある意味感動したのは、最近のカメラのテクノロジー。走っても全然ブレないの！

15 柿原さんの靴のサイズは何ですか？

ものによるかな。履いてみて決めます。

16 デート（ライブ）の時のこれだけは毎回やっている！っていうジンクスなどはありますか？

まったくないです！　**特別なことをしないのが、僕にとってのジンクス**なので。

17 愛用している文房具があれば教えてください！

ステッドラーのペン。ドイツのメーカーなんです。

18 **お洋服を選ぶ時のコンセプト**は何ですか？

「こっからここまで！」。……ってネタだからね！（笑）

19 どんな時間を大切にしていますか？

今この瞬間を含む、1分1秒すべての時間。

20 日本人が知らない**ドイツの美味しい食べものは？**

地方によるので、たぶん日本人はそもそも知らないと思う……。例えば、ドイツのソーセージ、フランクフルトにしても、みんなが想像しているフランクフルトと違う。本当のフランクフルトは、ドイツにしかないよ！

21 初めて自分で買ったCDは何でしたか？

「SAY YES」が収録されている、CHAGE&ASKAの「TREE」っていうアルバムです。

22 徹也さんが飲んでるプロテインは何味ですか？

マスカット。

23 学生時代の柿原さんは、試験前日など何をして過ごしていましたか？　ギリギリまで勉強ですか？　または前日はもう何もしない学生でしたか？

遊んでいました。

24
今のマイブームがあれば教えてください。
タイ料理。

25
柿原さん流のやる気の出し方ってありますか？
トレーニングですね。トレーニングをすると、いろんなやる気が出てくるから。そのやる気を出すのがまた大変だと思うけど、まずは行ってみてほしいかな。

26
落ち込んだ時、どのようなことをしてますか？
落ち込みません。

27
カッキーは、緊張する時ってありますか？　また緊張しないようにどんなことをやっていますか？
ありません。

28
ストレス発散といえばズバリ何でしょうか？
みんなで飲みに行くこと。

29
好きな花などはありますか？
花かぁ……みんな違ってみんなきれいですよね。差はないです。

30
私は外国語が苦手なので、習得するコツがあったら知りたいです！
本当にそれを学びたい気持ちがあるかどうかだと思います。

31
もしも今から1年間、何かを本気で学ぶことに徹するとしたら、何を勉強したいですか？
うーん……、1年間何もしなくていいなら旅行に行きます。世界を見に行きたい。

32
柿原さんが尊敬している人は誰ですか？
親戚の叔父さんです。

33
日本に来てからはどんなバイトをしていましたか？
飲食店です。

34
よく海外の方はパジャマなどを着ずに裸で寝ると聞きますが、外国育ちの柿原さんは**寝る時どんな格好をしているんですか？**
パジャマです！（笑）

35
くじけそうになった時・辛かった時に、助けられた・頑張れた言葉などありますか？
ないですね。**まずへこまないから（笑）。**

36
学生時代にこれやっておけばよかったなーって思うことはありますか？
今、皆さんが頭の中に思い描いたこと全部です。

37
今まで見た夢で一番印象に残っているものはなんですか？
覚えてないなあ（笑）。

38
長所と短所は何ですか？
みんなに教えてほしいです（笑）。

39
「実るほど頭を垂れる稲穂かな」という言葉が好きだとよくおっしゃってますが、ドイツの言葉で好きなものってありますか？
「Der Esel kommt immer zuletzt」
ロバ（イーゼル）は必ずいつも最後に来る
この場合のロバは自分のことなんですが、ドイツでは遊びに行くのにメンバーを確認する時や、点呼を取る時に必ず自分のことを最後にするんです。それがすごくドイツ人らしい考え方で、すごく好きだなって思います。

40
柿原さんはいらないものをすんなり捨てられますか？　それとも溜め込みがちですか？
捨てられないタイプだったけど、いつか使うかも知れない何かのために家賃を払うのが無駄と言われ、納得したので捨てました。

41
カッキーは服などの身に着けるもので好きな色、単純に色として好きなのは何色ですか？
服はシンプルなものが好きなので、モノトーンです。色として好きなのは緑。

42
どうやって人と仲良くなりますか？　何かコツとかありますか？
人が、僕と仲良くしてくれるんです。

43
春夏秋冬の中で一番好きな季節を教えてください。
夏！

44
妹さんの他にも兄弟がほしいなと思ったことはありますか？
お兄ちゃんかお姉ちゃんはほしかったけど、ないものねだりですね。

45
普段身体を鍛える時って、どんなことをしてますか？
トレーナーの言うがまま。

46
柿原さんが毎日欠かさずやっていること、毎日持ち歩いているものなどあれば教えてください。
車の運転ですかね。

47
「生きててよかった！」って思うことってなんですか？
今ですね。一瞬一瞬思います。

48
「今後の野望」はありますか？
「野望」というのはないです。

49
これはマジで困った!!! というハプニングがあれば教えてください。
和歌山県に行った時に……（以下略。40ページからの和歌山回をご覧ください）。

50
一つだけ魔法が使えるようになるとしたら、どんな魔法を手に入れたいですか？
今役者としてなら**「読解力」**ですかね。どんな台本もきちんと意味を理解できて、なおかつ、聴いて、観ていただく皆さんに感銘を受けてもらえるような、そんな読解力がほしいです。

んで、
今日も愛してる…

柿原徹也
TETSUYA KAKIHARA

12月24日生まれ。ドイツ出身。Zynchro所属。『天元突破グレンラガン』(シモン)、『FAIRY TAIL』(ナツ・ドラグニル)、『弱虫ペダル』(東堂尽八)など、数々のアニメやゲームで声優を務める。音楽アーティストやラジオパーソナリティとしても活躍は多岐にわたる。

●撮影　能美潤一郎
●ヘアメイク　大橋美沙子、岡部千佳、加藤ゆい(fringe)、高橋優(fringe)
●スタイリング　青木紀一郎
●アーティストマネージメント　永田美和(Zynchro)
●ロケーションコーディネート　蒔田昭宏(株式会社スクロール)

●インタビュー・文　新庄圭
●編集協力　林原美希、吉村智沙
●校正　東京出版サービスセンター
●装丁・デザイン　ワンダフル

●取材協力
(一社) 秩父地域おもてなし観光公社
(一社) 横手市観光協会
PROPS NOW
いすみ鉄道株式会社
いずもまがたまの里 伝承館
男鹿真山伝承館
株式会社あさ開
兼六園
銭洗弁財天宇賀福神社
そば処東家
たからの窯
東大寺
鳥取県観光交流局まんが王国官房
豊乃鶴酒造
なまはげ館
道の駅 たいら　五箇山 和紙の里
金沢21世紀美術館
五箇山合掌の宿 庄七
出雲大社
大血川渓流観光釣場
奈良筆 田中
彦根城

●Special Thanks
入江玲於奈
西山宏太朗

柿原徹也パーソナルBOOK　んで、今日本だすの♥

2017年9月30日　初刷

著者　柿原徹也

発行者　平野健一
発行所　株式会社徳間書店
〒105-8055　東京都港区芝大門2-2-1
電話　048-451-5960(販売)
03-5403-4341(編集)
振替　00140-0-44392

印刷・製本　大日本印刷株式会社

編集担当　三田村奈美

ISBN 978-4-19-864467-3